MUKEDI DIESTA - MPUTU Delphin

Redação de um artigo científico em informática comercial

MUKEDI DIESTA - MPUTU Delphin

Redação de um artigo científico em informática comercial

ScienciaScripts

Imprint
Any brand names and product names mentioned in this book are subject to trademark, brand or patent protection and are trademarks or registered trademarks of their respective holders. The use of brand names, product names, common names, trade names, product descriptions etc. even without a particular marking in this work is in no way to be construed to mean that such names may be regarded as unrestricted in respect of trademark and brand protection legislation and could thus be used by anyone.

Cover image: www.ingimage.com

This book is a translation from the original published under ISBN 978-620-6-71046-2.

Publisher:
Sciencia Scripts
is a trademark of
Dodo Books Indian Ocean Ltd. and OmniScriptum S.R.L publishing group

120 High Road, East Finchley, London, N2 9ED, United Kingdom
Str. Armeneasca 28/1, office 1, Chisinau MD-2012, Republic of Moldova, Europe
Printed at: see last page
ISBN: 978-620-8-13789-2

Prelúdio

Os trabalhos científicos em geral, e os de informática empresarial em particular, são de grande importância porque os autores têm normalmente de tratar de assuntos que são actuais em relação ao período/ano em que são escritos.

A nossa experiência profissional conduziu-nos a todas estas voltas e reviravoltas e, por isso, deixamos estes escritos à disposição de todos os cientistas (sem exceção), apesar de a informática ser aqui abordada.

Infelizmente! As promoções actuais fazem por vezes o contrário do que se espera delas. E porquê?

Durante este interrogatório, foram feitas pelo menos oito afirmações fundamentais, todas elas preocupantes:

1- A base errada do currículo anterior, que o aluno só estuda por complacência;
2- Incompetência devido a este mau começo;
3- Deficiência devido a uma série de distracções, especialmente a onda de telefones andróides/redes sociais;
4- A escolha errada do curso e do supervisor;
5- Falta de tempo de estudo ou não revisão regular das matérias em casa;
6- O problema em que o aprendente está

distraído e não sabe por onde começar e onde acabar?

7- Por vezes, apesar dos conhecimentos adquiridos, não dispõem mesmo dos instrumentos adequados para os orientar.
8- Falta de escuta (abstinência de conselhos) Etc.

Digamos apenas que uma mão-cheia deles dá tudo por tudo nesta tarefa.

A grande dificuldade é saber que tipo de pessoas estamos a formar para o futuro de amanhã.

Não cruzemos os braços, nós, os criadores e os educadores, levantemo-nos para sempre, contribuindo de uma forma ou de outra, para que este pulso excecional se possa defender e substituir-nos amanhã.

O objetivo do presente manual é remediar a situação em que :

- Como e onde começar um projeto científico ;
- As diferentes fases do trabalho científico ;
- A escolha do enquadrador ;
- Recolha de dados ;
- Responsabilidades de redação ;
- A redação de um artigo científico.

O livro é dirigido a cientistas informáticos mas, por curiosidade intelectual, contém conselhos para todos os cientistas.

Apelamos a todos os supervisores e aprendentes para que estejam conscientes do que fazem e do que são, porque amanhã estarão sozinhos no campo de aplicação, altura em que a vossa propensão intelectual será posta a nu, se não houver provas, então que desgraça!

Mas se é suficientemente dotado para ter um pulso excecional, tire o chapéu.

Afastemo-nos dos maus colaboradores, trabalhemos para o nosso futuro exclusivo; porque o ganho sempre foi individual, nem mesmo para os supervisores, nem mesmo para os pais e outros; dado que a decisão de partilhar os despojos é tomada por nós próprios (a parte interessada).

Coragem, aproveitemos as nossas competências, porque nelas poderemos comer e beber à vontade, como diz Bernard Dadier num dos seus livros: "O trabalho assegura a independência".

"O autor

Introdução

A maior parte dos trabalhos científicos actuais perdeu o seu valor em termos de forma e de conteúdo. Esta situação deve-se a um conjunto de factores cuja responsabilidade é partilhada:

- os próprios aprendentes;
- os autores ;
- os tutores e o Estado

Não vamos entrar em tudo, mas é preciso notar que estas responsabilidades a partilhar são, evidentemente, antes de mais, da responsabilidade do aprendente, porque a este nível do Ensino Superior e Universitário, estamos a lidar com pessoas maduras que já têm a virtude do bem e do mal, apesar de terem recebido uma formação: a "andragogia".

Assim, esta oficina mostra-lhes o quanto eles próprios são responsáveis pelo seu futuro em termos de escolha do emoldurador, do tema e da aquisição de materiais.

Neste contexto, os tutores e a administração pública são parceiros que devem apoiar e aconselhar os jovens no seu percurso profissional.

Sublinhamos que, enquanto aprendentes, estão empenhados em tornar-se úteis na sociedade de amanhã, quando for a vossa vez de liderar. Para isso, a aquisição de conhecimentos tem uma grande influência, porque vos tornará altos e vos levará a grandes alturas.

Todos os diferentes esforços que fizerem em conjunto contribuirão para o seu bem-estar no futuro. Aproveitem-no ao máximo, evitando evasões em todas as frentes, ou seja, tudo o que possa contribuir para o seu fracasso ou incompetência.

Neste manual, encontrará alguns conselhos para crescer.

O mundo pertence aos corajosos e aos vigilantes, dizem eles.

O trabalho científico reflecte o valor do seu autor em termos de competências e de conhecimentos científicos, embora o plágio seja frequente devido à má escolha do orientador e a uma maior incompetência. No entanto, qualquer disciplina científica nos incita a fazer referência ao trabalho de outros e a não copiar e colar, sem qualquer razão de existir no assunto a explorar.

Mude, mude para o seu bem-estar, para o seu saber-fazer, a sociedade precisa de si.

PONTOS GERAIS SOBRE A REDACÇÃO DE UM ARTIGO CIENTÍFICO.

Queremos orientar os nossos leitores esclarecendo, pelo menos, os conceitos básicos do nosso título: "La ***Rédaction d'un Travail Scientifique surtout en informatique de gestion en République Démocratique du Congo***".

Quando se produz um artigo científico, é necessário saber o que se pretende alcançar e qual o seu objetivo, tanto em geral como na informática empresarial em particular.

Além disso, este livro é apenas para cientistas informáticos?

A esta preocupação, digamos que sim, por um lado, e não, por outro, como?

Não, pela simples razão de que qualquer investigador que aprenda sobre o assunto terá adquirido pelo menos um elemento útil que contribui de uma forma ou de outra para o seu conhecimento.

Sim, especificamente para especialistas em TI, porque são responsáveis pelo conteúdo do início ao fim.

Na República Democrática do Congo, porque a experiência pragmática vem de lá.

Apesar disso, sendo a ciência universal, atrevemo-nos a acreditar que todas as orientações apresentadas neste livro são universais, e mesmo as instituições informáticas de outros locais terão pelo menos alguns pontos em comum.

Compreendamos, pelo menos, que um investigador/cientista é qualquer homem de ciência que mostra os seus conhecimentos num domínio da sua escolha, em detrimento de outros.

E o ensaio, que é uma dissertação sobre um tema que o autor põe à disposição dos outros para expor o que lhe corroeu o intelecto e para que os leitores possam beneficiar com isso.

Se a redação for entendida desta forma, trabalho, do latim: trepalium, instrumento de tortura, mas tortura, não no sentido de ferir o corpo humano, tortura, no sentido de ocupação perpétua, acrescentando que é :

- atividade humana, aplicada à produção, criação e manutenção; o esforço necessário para fazer algo.
- Além disso, uma tarefa (atividade) que lhe dá vida, que o faz viver.
- toda a investigação realizada num domínio do conhecimento.

A ciência, do latim: "scienta, de scire, savoir", é um conjunto coerente de conhecimentos relativos a certas categorias de factos, objectos ou fenómenos que obedecem a leis e são verificados por métodos experimentais:

- Ciências humanas, centradas no homem e no seu comportamento,

---

- Ciências exactas, com recurso a cálculos e à experimentação.

Científico: o que está relacionado com a ciência; a investigação científica, que se situa no domínio do conhecimento, tem as caraterísticas de rigor e de exigência de objetividade próprias das ciências.

De um modo geral, o trabalho científico é um conjunto de investigações rigorosamente apoiadas em métodos precisos, específicas de um determinado domínio e com um objetivo muito bem definido.

Este livro centra-se na forma de redigir um trabalho científico: trabalho de fim de curso/ciclo, dissertação, tese, relatório de estágio.

Trata-se de exercícios científicos que respeitam as normas rigorosas da informática, de modo a exprimir o seu objetivo principal.

A informática é uma ciência exacta, que preconiza a aplicação rigorosa dos seus princípios para alcançar o resultado desejado.

Os investigadores do Ciclo I e do Ciclo II, em particular, encontrarão na ilustração o esboço do seu trabalho.

[er] [ème]Trata-se de uma prova obrigatória para todos os finalistas do 1.º ciclo ou do 2.º ciclo, de

acordo com o Ministério do Ensino Superior e das Universidades da República Democrática do Congo, e tem um triplo objetivo:

1- Cumprir os requisitos do Ministério;

2- Uma prova que demonstra os conhecimentos adquiridos desde os estudos anteriores até ao nível deste primeiro ciclo; orientada num domínio preciso, uma expressão do que o autor é capaz nesta aquisição de conhecimentos,

3- Um aval da sua competência e qualidade como executivo universitário digno do seu nome para defender o seu empenhamento ao serviço dos outros.

Na informática comercial, é uma oportunidade para demonstrarem como conceberam o seu software, que funciona num piscar de olhos, especialmente o elemento-chave que procuram. Isto é para o ciclo dos licenciados.

No segundo ciclo, independentemente da sua área de formação, os engenheiros devem ser capazes de apresentar um projeto informático baseado nos seus conhecimentos, desde a conceção até à implementação, com um custo global de :

- Número e custo estimado do pessoal a ser creditado para este projeto;
- Materiais a adaptar, quantidade e qualidade,

especificando também o custo;

- Tempo, duração da execução, a fim de acumular todos estes custos globais acima referidos.

1- Emergência de termos

Duas palavras úteis, e queremos compreendê-las bem:

1- Obra: (do latim (trepalium, instrumento de tortura),

- atividade humana aplicada à produção, criação ou manutenção de algo.

- [1]atividade desenvolvida para completar uma tarefa .

2- Científico (ciência): (do latim scire, conhecer)

- um conjunto de conhecimentos relativos a certas categorias de factos; objectos ou fenómenos que obedecem a leis e são verificados por métodos experimentais .

2- A diferença entre trabalho intelectual e trabalho científico.

[2]1- **O trabalho intelectual**, provém da mente, do espírito, com origem no saber ou no conhecimento racional adquirido, para um determinado resultado de compreensão. Deve obedecer a normas.

- é um processo do intelecto através do qual ele

[1] Le petit Larousse illustré, 2009 p 1029

[2] www.languefrançaise.uliege.be

constrói ideias, a ação de refletir, de examinar uma ideia ou uma situação através do pensamento.

- frase substantiva, uma forma de atividade que produz documentos escritos.

por exemplo: - trabalho administrativo (relatório de prestação de serviços)

- um discurso,
- minutos,
- um jornal,
- uma revista,
- um artigo,
- uma entrevista,
- uma carta
- etc.

2- O trabalho científico baseia-se no conhecimento científico,

1- Considerações gerais sobre o conhecimento científico.[3]

Adquirimos conhecimentos científicos por vários meios, nomeadamente: pela experiência pessoal quotidiana, pela experiência dos outros, por um bom acompanhamento, pela reflexão . .e também nas escolas no domínio do conhecimento para uma boa qualidade.

Isto implica pesquisar, selecionar e utilizar

[3] Infotrack.unige

recursos válidos e identificáveis ligados a obras/autores.

Pode ser entendida em termos do seu conteúdo, ou seja, como produtora de conhecimentos e informações científicas e técnicas.

As diferentes interpretações actuais dos termos informação e conhecimento levam-nos a clarificar as definições aqui utilizadas.

2- Caraterísticas do trabalho científico

Todo o conhecimento científico deve ter :

- O objctivo,
- Abstração (resumo)
- A introdução
- Métodos e técnicas
- os resultados
- O debate
- A conclusão

Referências

Quando falamos de objetivo, estamos a falar de um facto que tem de ser apreendido, descrito e produzido muitas vezes.

Por exemplo: facto socioeconómico, facto social.

O conhecimento científico deve ser preciso e exato, comunicável e explicável.

Para uma boa avaliação, esta deve ser bem

orientada, de modo a que a sua comunicação e as suas explicações sejam explícitas e mostrem os resultados esperados.

2- Fase de um projeto científico

As etapas de um trabalho científico são :

a- O título do tema a ser discutido ou desenvolvido.

A este nível, o tema deve ser bem escolhido para demonstrar o que deve ser amplificado, de modo a que os operadores compreendam o reflexo ou o objeto apropriado que é o motor de toda a cópia.

Esta pode ser a expressão do problema, exigindo uma resolução cujo curso é todo ele sintomático.

b- Hipóteses (formulação)

São vozes construtivas de investigação na procura de respostas ao problema colocado na formulação do tema.

c- A fase operacional (realização de uma experiência). Esta fase consiste em ampliar as ideias pragmáticas do sujeito, indo de um ponto a outro, provando os prós e os contras.

d- Aplicação da lei (utilizando os princípios do domínio) ou recuperação de dados

e- Interpretação dos dados

Esta interpretação dos dados equivale a dizer que o objeto que revolucionou o autor deve ser bem especificado, utilizando a realidade vivida e revestindo-a do tema ou do domínio em que se especializou.

f- Conclusão e publicação de artigos

Um resumo deve animar os leitores depois de terem lido todo o livro.

g- Partilhar os resultados com a comunidade científica, que é o que o autor comunica no seu livro, ensinando aos outros o que se sabe através dos outros. E eles terão achado que valeu a pena ter passado por isso em vez de terem perdido o seu tempo.

h- Repetir a experiência (se necessário), um trabalho científico, tal como descrito acima, pode ser a sua própria experiência ou a de outros ou uma inovação, isto demonstrará como se juntará aos outros trabalhos no seu domínio.

É aqui que temos de experimentar a particularidade de cada domínio científico ou técnico, colocando estas leis, princípios de verificação: axiomas e postulados para que o domínio se declare concreto e preciso.

A ciência não pode ir além dos seus próprios critérios; incorpora-os, louva-os e respeita-os indefetivelmente.

[4]Para os filósofos, princípio vem do latim principium, "princípio", um conceito de verdades ou proposições primárias que servem para demonstrar outras verdades, mas que não podem ser demonstradas por si mesmas, em virtude do seu carácter primário e da sua simplicidade.

De acordo com: le Petit Larousse illustré 2009, os princípios são proposições aceites como base de raciocínio, geralmente regras teóricas que orientam, conduzem a leis gerais que regem um conjunto de fenómenos verificados pela exatidão das consequências: conhecimentos, regras elementares de uma ciência.

Os princípios são como os primeiros elementos do conhecimento humano e desempenham em relação a ele o mesmo papel que os axiomas desempenham na matemática. Aristóteles conservou pelo menos dois princípios, o princípio da contradição (é impossível que uma coisa seja e simultaneamente não seja) e o princípio do terceiro excluído (uma coisa é verdadeira ou falsa, mas não existe um termo intermédio - um "terceiro" - entre as contradições).

Nem todos os princípios são iguais, por isso são estirpes, fontes com caraterísticas particulares

[4] Diesta-Mputu Delphin, Questions Approfondies d'Informatique de Gestion (QAIG), Li Informatique, inédito 2024

que apoiam ferozmente esta disciplina com o objetivo de certificar, por direito próprio, o que ela é e o que vale.

Se o filósofo Aristóteles fala de contradição, falemos de respeito pelos princípios e de desrespeito pelos mesmos. Respeitar os princípios significa atingir os objectivos fixados pela disciplina, porque esta preconiza o respeito, ao passo que desrespeitar os princípios significa aplicá-los mal, o que conduz ao fracasso.

Todo o trabalho científico é intelectual, mas nem todo o trabalho intelectual é científico.

O trabalho científico assenta num quadro preciso e bem orientado, exigindo experiências laboratoriais, que devem utilizar valores universais relativos a factos absolutamente verificáveis, baseados em métodos e técnicas apropriados. Observações, experiências, hipóteses e deduções:

- Ciências naturais,
- Ciências humanas,
- Ciências exactas/puras,
- Ciências da educação (da vida),
- Ect.

A título de exemplo, os nossos trabalhos científicos incluem :

- Trabalhos de fim de ciclo (fim de estudos),

- Memória
- Tese
- Relatório de estágio,
- Trabalho científico (livro científico, obra literária).

O valor de um trabalho científico ou intelectual :

- Ele é o autor, o conspirador, a encarnação do que é e do que vale, e é por isso que insistimos no respeito pelos princípios adequados.

[5]Para o autor, o valor da garantia de qualidade defendido pelo filósofo Jean Onaothso no seu livro "L'assurance qualité et le système LMD à l'Université Catholique du Congo" (A garantia de qualidade e o sistema LMD na Universidade Católica do Congo) é uma cultura de excelência em que vários parceiros devem estar envolvidos para se obter um bom resultado. Mas, como já dissemos, o autor/aprendente é o primeiro responsável por um empenhamento total na sua formação, na sua qualidade e no seu saber-fazer, antes de qualquer outra pessoa.

A mediocridade que grassa na sociedade atual, na qual algumas pessoas peneiram, vale a pena e defende-se indefetivelmente.

Esta é a nossa preocupação para que cada

[5] Jean Onaothso K., L'assurance qualité et le système LMD à l'Université Catholique du Congo, p145

autor, investigador e aprendente brilhe como uma estrela, uma vez que :

- A obra é o espelho que expõe o que ela é e quem é o seu autor. Exprime o valor e o do autor em relação às normas: tema, conteúdo, forma e campo de exploração.
- A expressão é o esclarecimento das ideias expressas, pelo que a expressão deve ser simples, clara e compreensível para que o conteúdo possa ser útil a todos.
- O autor: deve demonstrar os seus conhecimentos, que partilha com os outros:
  - Objetivo
  - Encomendar
  - Útil, ou seja, de interesse para as massas/leitores
  - Acrescentar valor ao mundo da ciência
  - Contribuir de uma forma ou de outra para o processo de arquivo.
  - Um bom historial
  - Um bom tema

- E em bom estado.

Digamos apenas que entre um trabalho científico e um trabalho intelectual há uma nuance que desfoca a maioria das pessoas, mas será que o esclarecimento a partir das diferentes ideias aqui expressas vale a pena discernir bem.

Como já foi referido, todo o trabalho científico é intelectual, mas nem todo o trabalho intelectual é científico. Referindo-se aos argumentos apresentados e demonstrados.

A partir das ilustrações, uma carta ou um relatório não podem ser comparados ou igualados a um livro de matemática ou de física.

Compreendemos que quando Fauchier escreveu o livro de física ou quando Robert Reix escreveu o livro de informática, nem todos tinham a mesma orientação que Seder Senghor e Fontaine quando escreveram os textos franceses.

CAPÍTULO 1: REDACÇÃO DE UM ARTIGO CIENTÍFICO SOBRE COMPUTAÇÃO EMPRESARIAL

1- Escolha do tema

Os candidatos são livres de escolher o seu tema, tendo em conta :

- garantia de entrega de dados ;
- as competências necessárias para sobreviver;
- compreensão do assunto ;
- domínio de investigação/ambiente

Se estamos a falar de livre escolha, em relação ao próprio autor, porque o objetivo é atingir o objetivo e a escolha não se torna um obstáculo para que o fim não seja atingido.

Por vezes, certos temas são desmentidos no terreno, pelo que, para evitar tudo isto, é necessário refletir judiciosamente sobre eles desde o início.

2- Formulação do tema

Se nos referirmos ao curso da investigação científica, cada domínio tem as suas particularidades que devem ser respeitadas ipso facto. Um assunto pode ser tratado de forma diferente e relativa ao seu domínio, de modo a que cada um tire consequências válidas que sancionem o resultado esperado.

No que diz respeito à informática, no primeiro ciclo, uma vez que o interessado tem de produzir software na formulação do tema, deve ser expressa ou mesmo sentida uma reflexão sobre a implementação e a realização, será adicionalmente necessário viver os termos informáticos no seu interior. Por exemplo:

1-Informatização da gestão das existências de

produtos farmacêuticos fora de prazo: o caso da Prima Pharma

2- Criação e implementação de uma base de dados para o cálculo das encostas numa instituição universitária: o caso do Instituto Superior de Desenvolvimento Rural (ISDR) de Mbeo;

3- Gestão informatizada dos preços de custo numa empresa de comercialização de mobiliário.

4- Estudo funcional de uma base de dados de citações de um estabelecimento público de ensino superior e universitário

5- Gestão e produção da base de dados de clientes.

Estes são, pelo menos, modelos ilustrativos para a formulação de temas em informática empresarial.

3- Recolha de dados

O computador de gestão exerce todos os procedimentos detalhados no curso de investigação científica, nenhum outro meio de recolha de dados, todas as ferramentas foram bem definidas nesse curso e, o que é importante, cada área tem as suas próprias particularidades, tal como referido acima.

Para o efeito, o investigador deve compreender que:

- quando a colheita é feita, é necessário ter em conta que, aqueles que a recebem, não têm a única ocupação embora tenham tempo para ela, assim a poupança de tempo da sua parte seria um elemento a não esquecer, o investigador deverá ter:

- simplicidade no seu estilo de linguagem, no seu comportamento, na sua entrevista (interrogatório), não se complicando em vão;
- o trabalho que faz tem um timing, um mínimo de sabedoria para o fazer bem.

èmePara outros pontos relativos à investigação ou à recolha de dados, nomeadamente no domínio da informática comercial, consultar a disciplina de Método de Análise Informática I, "M.A.I1" em 2 .

4- Plano de trabalho

É uma ferramenta muito importante, que canaliza todas as fases do trabalho, e vem do Diretor/Enquadrador,

Como a pessoa em causa é um neófito, precisa de um enquadrador que trabalhe sob os seus auspícios.

[6]Para nós, em TI, o plano depende e difere de um ciclo para outro, e também tem em conta o método de análise de TI a ser utilizado.

Enquanto o curso de investigação científica se

[6] Diesta-Mputu, Notas de curso de Método de análise informática II, G3/ Info INIGE, Kinshasa 2015

centra em orientações gerais, o curso de método de análise informática I, G2 especifica de forma muito clara como deve ser feita a investigação neste domínio. Apoia a técnica da entrevista, que é a chave de um trabalho bem sucedido em informática, e que pode ser realizada quer face a face com os entrevistados/utilizadores, quer através de um questionário pré-estabelecido distribuído aos entrevistados.

Mais adiante, é dada ênfase à ética em geral e em particular: comportamento, estilo, linguagem, vestuário, etc. Estes elementos devem ser tidos em conta nos seus líderes. É preciso saber como se comportar quando se trabalha com eles.

Já dissemos que nenhuma noção relativa à redação de um artigo científico deve ser deixada de lado. Para isso, é sabido que a introdução (que pode consistir na apresentação do tema, que é a compreensão geral do assunto a tratar, para que o leitor tenha uma breve visão de conjunto) e a conclusão (que é a síntese do assunto desenvolvido, que consubstancia a ideia de cada linha principal, que se intensifica consoante o domínio) nunca podem faltar, sabendo bem que o valor deste trabalho depende do respeito de todos os trunfos.

1 - Referências

A investigação efectuada: a leitura, a consulta deste ou daquele livro e de outros artigos... deve ser indicada no final das páginas, ver o curso de investigação científica. Esta honestidade científica valoriza o trabalho e especifica que o investigador recorreu às competências de outros.

O autor pode escolher livremente os termos e condições, que são, pelo menos, três:

1- as referências podem ir da primeira à última página, ou seja, devem ser numeradas de 1 até ao fim do trabalho;

2- numerá-los por secção: em parte de acordo com a estrutura de trabalho ;

3- numerá-las por página: cada página deve ter as suas próprias referências.

2- Bibliografia

Trata-se de um repertório de todas as obras consultadas e lidas durante o processo de escrita; deve ser constituído por livros, artigos e trabalhos (TFC, Dissertação, Tese, etc.) e por uma webografia (sítios consultados).

A bibliografia deve estar sempre em ordem:

A ordem é baseada nos nomes dos autores (ordem alfabética) ou nos anos de publicação (ordem crescente ou decrescente dos anos de publicação).

3- Índice

Como o nome sugere, um índice enumera, pelo menos, as partes essenciais ou as páginas importantes e acrescenta os respectivos números.

N.B.: Note-se que nem todas as páginas podem figurar no índice, o que não incentiva o leitor a utilizar a obra.

CAPÍTULO 2: RESPONSABILIDADES NA REDACÇÃO DE UM ARTIGO CIENTÍFICO

Nesta secção, queremos chamar a atenção do investigador (para os alunos desta década). No MAI1, dissemos que o fracasso ou o sucesso de um trabalho científico depende da capacidade do próprio autor. Isto pode dever-se ao seu comportamento, à sua negligência, à sua incompetência ou à sua irresponsabilidade.

A responsabilidade é um compromisso que demonstra maturidade e inteligência, para se defender, para fazer algo perante as pessoas, para demonstrar como se age e ...

O investigador/estudante deve lembrar-se de que é a primeira pessoa responsável pelo seu trabalho científico, que o julgará, que lhe dará um emprego decente e que lhe atribuirá uma qualificação para o resto da sua vida.

Ele tem de estar totalmente empenhado, compreender o que está a fazer e o que vai fazer para mostrar que é o primeiro autor da sua obra.

Ele é a força motriz, nunca desistindo, mas enfrentando qualquer eventualidade. É importante sublinhar que, se ele falhar, a responsabilidade é sua, não de outra pessoa, e é por isso que é enviado para o terreno para investigar, para experimentar a realidade, para ser um dos utilizadores. Foi ele que escolheu o objeto e o campo de investigação; o fracasso é da sua responsabilidade, sem preconceitos.

Ao longo do processo de escrita, tinha dominado o conteúdo do seu tema, e as várias discussões com o seu diretor/mentor tinham aprofundado ainda mais os seus conhecimentos. Como poderia falhar?

Esta é a razão fundamental da sua responsabilidade pelo resultado a alcançar.

2- Diretor/supervisor

A redação de um artigo científico é sempre feita sob o olhar de um supervisor experiente, que é o primeiro conselheiro e o guia a não evitar.

a- Escolha do diretor/supervisor[7]

A escolha do diretor/supervisor é livre, de acordo com as mesmas instruções emitidas pelo

[7] Instrução 022 do Ensino Superior e da Universidade de 2019.

Ministério da Educação.

No ensino superior e universitário, os estudantes têm o direito de vetar a nomeação de qualquer professor como seu orientador, desde que esse professor seja da mesma área e trabalhe no mesmo estabelecimento de ensino.

Esta liberdade de escolha esmagadora e voluntária do enquadrador ativa-o para que se sinta à vontade em tudo o que vai fazer.

b- Papel do diretor/supervisor

Como dissemos anteriormente, é o ponto de referência para as zonas cinzentas ou as dificuldades que o aluno pode encontrar durante o processo de escrita.

O diretor está lá para :

- Ponham-no de novo no bom caminho;
- Elaboração do plano ;
- Ajude-os a formular o tema;
- Corrigindo-o e, finalmente, é um colaborador próximo em todos os momentos.

Apesar de o investigador/estudante ter estado sozinho no campo/área de investigação, a contribuição do seu supervisor influencia a redação do início ao fim; a colaboração estreita com ele é obrigatória e nunca deve ser evitada. Apenas :

- É a pessoa que tem a palavra final sobre o

depósito da obra,

- antes da defesa, ele tem de coordenar tudo,
- ele tem o apoio da defesa;
- Durante a defesa, também tem uma palavra a dizer, perante os membros do júri e nas deliberações do júri.

Note-se que o diretor nunca pode escrever o trabalho para o seu candidato. É estritamente proibido.

CAPÍTULO 3: AS ETAPAS DO TRABALHO CIENTÍFICO EM INFORMÁTICA EMPRESARIAL.

[8]A informática, sendo uma ciência exacta, tem os seus próprios princípios rigorosos e o seu cumprimento garante o sucesso total. O não cumprimento significa o fracasso, como dizia Aristóteles, os princípios do terceiro excluído.

[9]Para nós, esta edição passa de um ciclo para outro, porque os nossos métodos de análise informática são necessários em relação a este ciclo.

No primeiro ciclo, o método recomendado é o método de análise informática II "M.A.I 2", Merise defende todas as etapas permitidas para obter o resultado real, enquanto no segundo ciclo, os três

[8] Princípios e ciências, Revues SN, Bruxelas, 2008.

[9] Currículo Nacional (PADM), curso de informática Página 299.

métodos recomendados, cuja escolha é relativa ao interessado, são ;

- o método de gestão de projectos informáticos ;
- Auditoria informática
- e UML.

Apesar das diferenças nos métodos de análise informática, devem seguir os passos abaixo indicados:

Fase I: Estudo de oportunidade/análise preliminar

Esta análise da situação atual tem por objetivo :

- apresentar o domínio de investigação,
- o seu funcionamento e organização,
- as suas insuficiências (críticas ao sistema atual) e propostas para corrigir as insuficiências identificadas.

Nesta fase, o investigador não mudou nada, exceto que tem de tomar o lugar de um utilizador, de modo a ter um conhecimento profundo do sistema antigo, especialmente dos pontos-chave. Depois vem a crítica e a proposta de soluções para orientar o futuro do sistema.

Fase II: Conceção do novo sistema

Se a primeira etapa consistiu em conhecer em profundidade o domínio de investigação, a segunda consiste em evidenciar a solução adoptada, tendo em conta todas as lacunas identificadas, a fim de responder adequadamente às necessidades do novo sistema. E todas as técnicas informáticas devem ser aplicadas.

Com base nisto, a solução informática será tida em conta em relação às suas vantagens demonstradas, de modo a que o novo sistema corresponda aos seus pontos fortes.

Fase III: Aplicação

Após a fase de conceção, segue-se a implementação de todas as normas postas em prática para garantir que o resultado possa ser vivido.

No entanto, cada etapa pode ser dividida em diferentes capítulos, secções... em função do tipo de temas escolhidos, alguns simples e outros complexos.

É por isso que dizemos que o número de páginas de um trabalho científico em informática nunca foi determinado, porque varia como já foi referido. E qualquer trabalho que não tenha todas estas quatro fases está mal feito, não vale a pena. Deve ser rejeitado.

Fase IV: Programação

Esta última fase é o resultado tangível. Sobretudo no primeiro ciclo. A programação dá o resultado final, quando o software foi bem concebido.

ALGUMAS DIRECTRIZES A SEGUIR

Processo de elaboração de um artigo científico: dissertação/TFC

I - ELEMENTOS-CHAVE DA ABORDAGEM

1- Plano de trabalho cfr. apêndice

3- Questionário escrito ou oral (ver anexo)

II - CLARIFICAÇÃO DE ALGUMAS PARTES

a- Apresentação do tema

A apresentação do tema equivale a dar uma ideia geral de todo o tema, o que é comparável à definição ou definição de um tema equivale a tomá-lo palavra por palavra, mas seria melhor pintar um quadro geral.

b- Questões

Vejamos: a problemática é o gancho, a dificuldade central que atormenta a empresa, mesmo que ela já exista; a abordagem atual consiste em encontrar um alívio; esta problemática é expressa por questões (±4) que nos colocamos. Elas reflectem-se profundamente no tema, explicitando a grande preocupação do investigador que, por sua vez, deve empenhar-se em encontrar, pelo menos, a solução ideal que consola a empresa, será nas propostas apresentadas, demonstrando a sua rigidez. (Ver MRS) c- Hipótese

A própria hipótese é uma resposta de tentativa e erro ao problema, e esta abordagem ainda não atingiu o seu objetivo, nem foram cumpridas todas as etapas para confirmar as propostas adoptadas.

Assim, todas as questões que reflectem o ideal-chave devem ser respondidas, pelo menos, a este nível, e estas respostas orientarão diretamente a abordagem a adotar.

Isto deve ser demonstrado na obra, e cada leitor deve ser capaz de sentir como o assunto foi tratado nestes dois pontos, que são, por um lado, a viga mestra e, por outro, tornam claro o domínio e o conhecimento do assunto.

III - QUESTIONÁRIO DE INVESTIGAÇÃO a- Composição do questionário (questões a colocar)

Estas perguntas permitem saber qual deve ser o resultado final. São a base do fracasso ou do sucesso e, para isso, a técnica deve ser aplicada corretamente, quer seja escrita ou oral.

Têm origem no espírito do investigador, ao mesmo tempo que exploram o tema no âmbito do objetivo global e do plano de trabalho.

b- Técnica

A técnica aplaudida é a "entrevista", devido aos bons resultados obtidos pelos pioneiros neste domínio, e também porque oferece boas oportunidades para assegurar um conhecimento aprofundado do domínio a explorar.

As perguntas orais, ou seja, estar frente a frente com os utilizadores, dão-nos a oportunidade de compreender, rever, corrigir, retomar o contacto e até fazer perguntas quando não compreendemos bem.

---

agarrado, é assim que esta técnica de entrevista é eficaz.

c- Pontos-chave da entrevista

Três pontos podem ser destacados em relação à nossa experiência, que sublinha a vantagem da entrevista para facilitar a abordagem do sujeito.

1- compreender como as coisas funcionam

O investigador deve colocar questões sobre o funcionamento da empresa, desde as suas origens até ao seu desenvolvimento:

a- operações gerais,

b- os diferentes serviços, a sua afetação, as suas tarefas e a sua participação no funcionamento do sistema,

c- as diferentes formas de colaboração entre os serviços e a circulação de documentos, que determinam o fluxo do sistema,

d- os diferentes documentos: sua

composição, função e preenchimento,

e- os diferentes equipamentos utilizados; o pessoal: as suas qualificações, conhecimentos, desempenho, antiguidade e funções,

2- as dificuldades que encontram no seu funcionamento,

3- as soluções que os utilizadores prevêem para um bom funcionamento no futuro.

d- Condução da entrevista

1- Antes da entrevista

Neste caso, partimos do princípio de que foi recebido e que conhece os diferentes serviços com os quais vai lidar, pelo que terá de informar o gestor que o vai receber, ou seja, marcar uma hora para o encontrar.

a- ter uma boa expressão: cortesia, delicadeza, vestir-se com recato,

b- comportar-se de forma digna de um académico.

2- Durante a entrevista

a- fazer perguntas com calma e delicadeza

b- deixar a outra pessoa falar

c- pedir tempo para tomar notas

3- Depois da entrevista

a- Vá para casa e leia o resumo com base no que compreendeu; assim, terá oportunidade de corrigir eventuais omissões, etc.

b- saber dizer obrigado,

b- promessa de regresso em caso de dificuldades.

CAPÍTULO 4: REDACÇÃO DA MISSÃO

Depois de ter assistido à entrevista, e de ter compreendido o que foi feito, o investigador é chamado a redigir o seu trabalho com a frescura dos conhecimentos adquiridos, seguindo o plano de trabalho e, em caso de confusão, pode voltar ao terreno para os seus interlocutores ou pode contactar o seu diretor para os debates que conduzem ao progresso do trabalho.

ALGUNS MODELOS DE PERGUNTAS A FAZER

I- História

1- Quando foi fundada a vossa empresa?

2- Qual é a sua missão?

3- Qual é a sua localização geográfica?

II- Como funciona

1- O que é que entende por .... (na linha de assunto)

2- Como é que trabalha?

3- Quais são os diferentes documentos que contribuem para este processo?

4- Qual a sua importância, qual a sua plenitude,

de onde vêm?

III- Organização

1- Como é que está organizado?

2- Que departamentos contribuem para isso?

3- Como é que funcionam em conjunto?

3- Qual é o papel de cada um deles?

IV- Recursos

1- Que tipo de pessoal tem?

2- O seu mandato, função, grau, antiguidade, etc.

3- Os seus conhecimentos?

3 - Que equipamento utiliza? O seu estado, utilização e ano de aquisição,

5- De onde provêm as suas receitas?

6- Tem um retorno positivo?

7- É bem tratado aqui?

V- Dificuldades

1- Que dificuldades tem, como é que

2- Que soluções recomendam?

2- O que acha da nossa visita aqui?

N.B.: Não existem perguntas-tipo; as perguntas são relativas ao tema e ligadas ao domínio ou sector de atividade da empresa.

A escolha do diretor é facultativa, devendo o candidato consultar um perito na matéria para identificar eventuais lacunas.

Em conformidade com as instruções do Ministério do Ensino Superior e das Universidades, o diretor deve pertencer ao corpo docente da mesma instituição.

Uma ilustração do Plano TFC (graduação/graduação) :

INTRODUÇÃO

1- Apresentação do tema
2- Questões e hipóteses
    1- Questões
    2- Pressupostos
3- Escolha e interesse do sujeito
4- Métodos e técnicas utilizados
    1- Métodos
    2- Técnicas
5- Limitar o trabalho
6- Dificuldades encontradas
6- Esquema de trabalho

PARTE I: ESTUDO DA SITUAÇÃO ACTUAL

CAPÍTULO I: CONHECIMENTO DA SITUAÇÃO ACTUAL

I- Apresentação da empresa

1- História da empresa
2- Localização geográfica
3- Missão
1- Estrutura funcional
  - Descrições de funções

II - Estudo do antigo sistema

1- Geral

2- Narração

a- Secção I: Dados

1- Diretório de documentos

2- Descrição dos documentos

b- Secção II: Tratamentos

1- Informações gerais sobre os tratamentos

2- Fluxograma

3- Departamentos envolvidos no estudo

c- Secção: Recursos

1- Recursos Humanos

2- Recursos materiais

3- Recursos financeiros

CAPÍTULO II: CRÍTICAS ÀS ACTIVIDADES EXISTENTES Aspectos gerais

1- Pontos positivos

2- Pontos negativos

3- Propostas e sugestões

4- Escolha de soluções

 1- Solução manual

 2- Solução informática 3 - Solução adoptada

PARTE II: CONCEPÇÃO DO NOVO SISTEMA

CAPÍTULO III: FASE CONCEPTUAL I - Modelo concetual de dados

 1- Elaboração do DMC

  1- Conceitos básicos

  2- Formalismo

2- Formalismo
3- MOT - MLT

PARTE IV: IMPLEMENTAÇÃO DA BASE DE DADOS CAPÍTULO VI: FASE DE DADOS FÍSICOS

1- Programação: Objetivo
2- Escolha do método de programação
3- Apresentação dos quadros
4- Modelo de dados físicos : Objetivo
5- Aplicação

Conclusão

Bibliografia

Índice

ESBOÇO DA MEMÓRIA EM UML (ciclo II/Licença) Introdução geral 0- Apresentação do tema

1- Questões e hipóteses
   a- Questões
   b- Hipótese
2- Escolha e interesse do sujeito
   a- Escolha do tema
   b-Interesse pelo tema
3- Delimitação do trabalho
4- Métodos e técnicas utilizados
   a- Métodos
   b- Técnicas
5- Subdivisão do trabalho
6- Dificuldades encontradas.

CAPÍTULO I: APRESENTAÇÃO DO DOMÍNIO DE INVESTIGAÇÃO

Geral

1- História

2- Localização geográfica do domínio de investigação

3- Missão

4- Estrutura funcional

a- Estrutura organizacional

b- Estudo pormenorizado dos postos de trabalho

CAPÍTULO II : ESTUDO DO SISTEMA EXISTENTE

Aspectos gerais

SECÇÃO I: DADOS

1- Diretório de documentos

2- Descrição dos documentos

SECÇÃO II: TRATAMENTOS

Estado da questão (narração)

1- Os diferentes serviços

2- Estrutura objeto do estudo

3- Fluxograma

SECÇÃO III: RECURSOS EXISTENTES Aspectos gerais

1- Recursos Humanos

2- Recursos materiais

3- Recursos ambientais

4- Recursos financeiros

CAPÍTULO III: CRÍTICA DO SISTEMA ACTUAL

Geral

1- Pontos positivos

2- Pontos negativos

3- Propostas e soluções sugeridas

---

a- Solução manual

b- Solução informática

4- Escolher a melhor solução

CAPÍTULO IV : O ESTUDO A NÍVEL DE SISTEMA

Aspectos gerais

1- Determinação das necessidades

a- Requisitos funcionais

b- Necessidades não funcionais

2- Descrição pormenorizada do projeto

1- Estudo pormenorizado

a- Requisitos funcionais

b- Exatidão não funcional

2- Identificação das partes interessadas no estudo

3- Casos de utilização

a- Casos de utilização prioritária

b- Casos de utilização secundários

3- Apresentação de diagramas de modelação

4- Diagrama de sequência

5- Diagrama de actividades

6- Diagrama de classes

a- Regras de gestão

b- Identificação da classe
c- Identificar as relações
d- Descrição

7- Apresentação do diagrama de classes
8- Escolha do equipamento informático

Objectivos

1- Software
2- Hardware
3- Pessoal

CAPÍTULO V: PLANEAMENTO DO ESTUDO

1- Avaliação do tempo
2- Avaliação dos recursos
3- Avaliação dos custos
4- Gráfico de Gantt ou Pert

Conclusão geral
Bibliografia
Índice.

CONCLUSÃO

Em conclusão, esta brochura não substitui nenhuma disciplina de investigação; pelo contrário, fornece um plano claro aos informáticos para, em primeiro lugar, recolherem dados de forma eficaz, a fim de alcançarem finalmente o objetivo desejado: "criar um sistema informático adequado".

Também pode haver diferenças entre outras instituições de TI, mas o que é útil é que a abordagem permanece a mesma para todos os profissionais de TI.

Todas as disciplinas científicas utilizam métodos e técnicas que lhes permitem atingir os seus objectivos.

É apenas uma de uma série de opções. Cabe-lhe a si decidir se a utiliza ou não.

Todas as sugestões e comentários são bem-vindos de braços abertos.

BIBLIOGRAFIA

1- Publicações

1- Birou A., Vocabulaire pratique des Sciences Sociales, les Editions ouvrières, Paris, 1966
2- Gordon Mace e Petry F. Guia de elaboração de um projeto de investigação em Ciências Sociais, 3ed de Boeck, 2004
3- Shomba Kinyamba S., Méthodologie et Epistémologie de la recherche scientifique, PUK, Kinshasa, 2013.
4- Princípios e ciências, Revues SN, Bruxelas, 2008.
5- Programa Nacional de Cursos (PADM), 2008

2- Outras fontes

1- Bokongo Libakea K. Notas de cursos de Iniciação à Investigação Científica, UPN, outubro de 2005.
2- Diesta-Mputu, Notas de curso de Método de análise informática II, G3/ Info INIGE, Kinshasa 2015
3- Diesta-Mputu, Notas de Curso de Conceção de Sistemas de Informação (ISC), LVInfo ISC-Idiofa 2018
4- Diesta-Mputu, Notas UML, L2/Info ISC-Kikwit 2020
5- Instrução 022 do Ensino Superior e Universitário na RDCongo, 2019.
6- www.languefranqaise.uliege.be
7- Infotrack.unige

ÍNDICE DE CONTEÚDOS

MIX
Papier aus verantwortungsvollen Quellen
Paper from responsible sources
FSC® C105338

Printed by Books on Demand GmbH, Norderstedt / Germany